中国近代新闻学名著系列丛书

芮必峰 ◎ 主编

中国新闻发达史

—— 蒋国珍 ◎ 著 ——

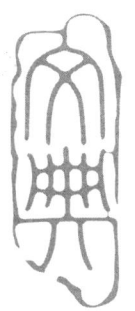

中国传媒大学出版社
·北京·

编 委 会

主　编　芮必峰

副主编　姜　红　刘　勇

编　委　贾　南　周　彤　张冰清　侯普曼

出版说明

本丛书整理再版了近代在中国用中文出版的经典新闻学著作，所涉及的图书既有专著、教材，也有译著，全面涵盖了新闻学理论、新闻业务、新闻史等领域，成书年份前后跨越40年。在这40年间，中国的新闻学科从无到有、从借鉴到创新，成就巨大。对这些著作的再次出版，为研究中国近代新闻学提供了珍贵的史料，绘制了中国近代新闻学的全景，度量了中国近代新闻学的厚度，填补了该领域空白，也为纪念中国新闻学诞生100周年献上了一份厚礼。

我们请中国人民大学新闻学院教授、博士生导师，广西大学新闻传播学院院长，教育部社会科学委员会委员兼新闻传播学科召集人郑保卫，及中国传媒大学传播研究院院长、教授、博士生导师，中央实施马克思主义理论研究和建设工程新闻学首席专家雷跃捷对本丛书的内容进行了审定，并根据专家的意见进行了修改。在此对两位专家所付出的辛勤劳动表示衷心感谢。

由于历史原因，本丛书中的个别图书存在一些问题，为保存历史原貌，为研究者提供一手的参考资料，影印时均基本保持其原貌，未作大的删改，希望读者结合当时的历史条件和历史环境，对其中的观点进行批判性借鉴。原书中存在一些错别字、漏字和排版错误，我们在影印时均未做改动，敬请读者注意。

由于原书出版年代久远，本丛书中的许多书籍难觅其踪，存世数量稀少，版权状况极其复杂。为了保证本丛书的学术性和完整性，我们将具有价值的图书先行选入其中，进行了抢救性发掘，力图保存中国新闻史珍贵的历史资料。版权所有人若有异议，请及时与我们联系。

为更好地体现中国近代新闻学的发展脉络，本丛书特别收录了欧美学者休曼的《实用新闻学》、斯蒂德的《新闻学的理论与实际》；日本学者松本君平的《新闻学》、后藤武男的《新闻纸研究》、杉村广太郎的《新闻概论》。当年这些书的出版对中国近代新闻学具有一定的借鉴意义。

本丛书为影印制作，成书清晰度由原书决定，由于出版年代久远，受当时生产力水平及制作方法限制，难免会存在一些缺陷，敬请读者谅解。

中国传媒大学出版社

总 序

如果从1903年商务印书馆编译出版日本人松本君平的《新闻学》算起，中国的新闻学已有115年历史[1]。如果从1918年北大新闻研究会建立，徐宝璜开办新闻学讲座算起，中国新闻学教育和研究迄今正好100年历史。我们搜集整理了清末至民国期间一些有代表性的新闻学书籍，希望借此重现早期中国近代新闻学的本来面貌，反映我国新闻学发展的历史脉络，我们认为，这对中国新闻学术、教育史研究以及中国近现代思想史研究都是很有意义的。

从1903年到1949年9月的40多年间，我国公开出版和内部印行的新闻学书籍，包括专著、教材、论文集、资料汇编、参考工具书等，约468种之多。[2]它们集中反映了我国新闻学的历史发展轨迹。然而，由于多种原因，这些书籍除了几本曾被重印出版外，大多已经是"只闻其名、难觅其踪"，这对我国新闻学研究不能不说是一个遗憾。

本丛书在梳理1903—1949年间出版的有代表性的新闻学书籍的基础上，精选了50部著作，校订注释，编纂再版，也算对这一遗憾的弥补。

从我们挑选的这50部新闻学书籍来看，中国早期新闻学的发展有三个鲜明的特点：

一、中国早期新闻学的发展与中国社会发展，尤其与国家民族利益息息相关

40多年间，中国新闻学从近乎空白到勃然而兴，这与中国社会的动荡、变

---

[1] 黄天鹏回顾新闻运动时说："有清光绪二十八年，商务印书馆刊行《新闻学》一书，为我国人知有新闻学之始，原书为日人松本君平所著……"资料来源：黄天鹏. 新闻运动之回顾［A］. 黄天鹏. 新闻学名论集［C］. 上海：上海联合书店，1929.

[2] 林德海，等. 中国新闻学书目大全1903—1987［M］. 北京：新华出版社，1989.

革休戚相关。西方新闻学是现代化的产物，最早形成于19世纪末20世纪初。1901年，"新闻学"一词首见于中文报章①，但直到民国前夕，国人对于"新闻有学乎"尚存疑，认为报社就是新闻人才的"养成所"。至1912年上海报业俱进会以"吾国报业之不发达……其最大原因，则为无专门之人才"②为由，号召组织报业学堂，培养报业专门人才。不难看出，此时新闻界亦将新闻学视为办报之"技"。至1918年邵飘萍为徐宝璜《新闻学》作序仍"窃叹我国新闻界人才之寥落，良由无人以新闻为一学科而研究之者"③。黄天鹏把1903年至1918年新闻学研究会建立之前的十余年视为中国新闻学的启蒙期。④

1918年，随着以启蒙为目标的新文化运动愈演愈烈，新思潮涌入国门，"新学""西学"站在旧传统的对立面被学界关注，新闻学思想也不例外。作为公学之首和新文化运动中心的北京大学率先开办新闻学研究会，力证了"新闻学"存在的正当性；徐宝璜《新闻学》一书问世，成为中国新闻学理论的奠基之作。新闻学教育兴起，新闻学研究著作渐盛，待到北伐前夕，中国新闻学从学理上和实践上俱已建立起来。

新文化运动后期，马克思主义传入中国，资本主义文明逐渐"祛魅"。之后的大萧条使得西方国家的痼疾暴露无遗，曾经"理想之彼方"的西方报业也难以幸免。在这一时代背景下，如何建立"吾国之报业"成为新闻学研究的热点，围绕这一热点，一方面，关于中外新闻理论、新闻事业、新闻业务的著作日益涌现；另一方面，军阀对于激进言论的暴力摧残，又引发了新闻人对于言论自由的论争。20世纪20年代的中国新闻学呈现百家争鸣之势。

"在这言论自由纷争之际，也有若干论调，认为新闻纸不过是一种政治宣传的工具，在新闻学方面也唱过所谓社会主义的新闻理论，不过这种论调没有完成，当头的国难已把这种理论粉碎。"⑤ "九一八"事变后，面对空前的民族危机，"国家至上、民族至上"成为国论，报业成为勾连与动员社会的渠道和网络，

---

① 梁启超. 本馆第一百册祝辞并论报馆之责任及本馆之经历[J]. 清议报，1901（100）：1-8.
② 戈公振. 中国报学史[M]. 上海：上海书店，1989：278.
③ 徐宝璜. 新闻学[M]. 长春：时代文艺出版社，2009：7.
④ 黄天鹏. 四十年来中国新闻学之演进[M]//龙伟，任羽中，王晓安，何林，吴浩. 民国新闻教育史料选辑. 北京：北京大学出版社，2010：149.（以下征引本书时，一律简注为《民国新闻教育史料选辑》。）黄天鹏在此文中提出他对于1903年到战事结束的40余年间中国新闻学发展阶段的划分，原载《中国新闻学会年刊》第1期，1942年9月.
⑤ 黄天鹏. 四十年来中国新闻学之演进[M]//民国新闻教育史料选辑. 北京：北京大学出版社，2010：161.

致力于推动"舆论统一"。直到全面抗战中期之前，以战争宣传动员为主要研究目标的"战时新闻学"都是新闻学研究的热点。

1943—1949年中华人民共和国成立前夕，随着战争形势的转变，抗日战争已现胜利的曙光，中国新闻学人开始构想新闻业的未来。萨空了①于1943年开始着手书写《科学的新闻学概论》，旨在提醒新闻人应"鉴于美英的前车"②，避免报纸"为大财阀资本家所独占"③，"积极地设法使报纸成为大多数民众自己的相互报道消息、提供意见的工具"④。

二、中国新闻学是"西学东渐"的产物，中国早期新闻学人大多具备西学背景

"西学东渐"的内在精神是中体西用。在"用"的招牌下，西学大量涌入。中国新闻学直接引自日本和美国。首先，中国最早的新闻学译著分别为1903年商务印书馆编辑出版的松本君平的《新闻学》和1913年美国记者休曼著、史青编译的《实用新闻学》。前者成为中国新闻学的开端，而后者作为美国第一本新闻教育著作，"提供采访编辑各种实际问题的解决方案"⑤，也奠定了中国新闻人对于新闻教育之作用的基本构想。

早期中国新闻学人大多具备留美留日的求学背景。徐宝璜曾于美国密歇根大学修习经济学与新闻学，其《新闻学》(1919)的参考文献包括在美国出版的图书23种、在英国出版的图书7种，印证了时任北大校长蔡元培所言，"新闻学之取资，以美为最便矣"⑥。任白涛求学日本早稻田大学政治经济学系时，加入了《朝日新闻》名记者杉村楚人冠等筹建的"大日本新闻学会"⑦，《应用新闻学》

---

① 萨空了（1907—1988）四川成都人，蒙古族，笔名了了、艾秋飚，记者、主编、新闻学家。1927年任《北京晚报》《世界日报》编辑记者、《世界画报》总编辑。曾任教民国学院新闻系、北京新闻专科学校。1935年任上海《立报》副刊主编、总编辑兼经理。中华人民共和国成立后任中央人民政府新闻总署副署长兼新闻摄影局局长、出版总署副署长、全国政协副秘书长兼《人民政协报》总编辑等职。负责主编《中国大百科全书·新闻出版》卷，著有《科学的新闻学概论》《科学的艺术概论》《宣传心理研究》等。
② 萨空了. 科学的新闻学概论［M］. 香港：文化供应社，1946：36.
③ 萨空了. 科学的新闻学概论［M］. 香港：文化供应社，1946：36.
④ 萨空了. 科学的新闻学概论［M］. 香港：文化供应社，1946：36.
⑤ 黄天鹏. 四十年来中国新闻学之演进［M］//龙伟，任羽中，王晓安，何林，吴浩. 民国新闻教育史料选辑. 北京：北京大学出版社，2010：157.
⑥ 邓绍根. 中国新闻学的筚路蓝缕：北京大学新闻学研究会［M］. 北京：清华大学出版社，2015：228.
⑦ 1915年《朝日新闻》的杉村楚人冠等在庆应义塾大学创办"新闻研究会"并讲授课程，后根据该讲义出版了《最近新闻纸学》(1918)。其时，杉村楚人冠还兼任"大日本新闻学会"的筹建者与学会新闻讲座讲师。

（1922）正是仿照杉村楚人冠《最近新闻纸学》一书体例所做。①邵飘萍的《实际应用新闻学》（1923）亦参考了《最近新闻纸学》。②杉村楚人冠深受美、德新闻思想熏陶，美、日、德的新闻思想因故才传到中国。

事实上，正是留美、留日学生群体的新闻学著述构建起了中国早期新闻学的基本框架。仅本丛书所涉国内著（编）者30人中，别除资料不详者3人，有留学经历者共计15人。其中留美5人：徐宝璜、伍超、赵敏恒③、戈公振④、曹用先⑤；留日8人：吴定九⑥、邵飘萍、黄天鹏、任白涛、张友渔⑦、谢六逸、袁殊⑧、王文萱⑨；

---

① 周光明. 近代新闻史论稿［M］. 北京：社会科学文献出版社，2014：276.
② 方晓红. 中国新闻简史［M］. 南京：南京师范大学出版社，1996：122.
③ 赵敏恒（1904—1961），记者、新闻学教授。早年就读于清华大学，1923年起先后于美国科罗拉多大学文学院、密苏里大学新闻学院、哥伦比亚大学新闻学院攻读英国文学和新闻学，并获新闻学硕士学位。1925年起在纽约环球通讯社当编辑。1927年回国，在国民政府外交部情报处短暂工作后加入路透社。1945年10月任《新闻报》总编，兼任复旦大学新闻学教授。
④ 留学两个及两个以上国家的，按其留学的第一个国家计。
⑤ 曹用先，女，宁波人，天津南开大学社会科毕业。1926年与未婚夫查良鉴自南开大学毕业后，同赴密歇根大学留学，1930年在该校安娜堡完婚。硕士毕业后回国，曾就职于上海商务印书馆编辑所并任教于大夏大学，1949年与查赴台，1951年4月病逝于台湾。
⑥ 吴定九（1890—1930），名鼎，字定九，嘉定人。著名报人，《京报》元勋之一，著有《新闻事业经营法》。公派赴日本名古屋学习土木工程时，与在东京政法学校读书的邵飘萍成为密友。1923年9月，私立北京平民大学设立报学系，时任京报社经理的吴定九担任教授并讲授专业课程"新闻经营法"。
⑦ 张友渔（1898—1992），原名张象鼎，字友彝，又名张忧虞，山西灵石人。法学家、政治学家、新闻学家。先后求学于山西第一师范学校，国立北平法政大学法律系。1927年任《国民晚报》社长兼总编辑。同年加入中国共产党，任中共北平市委委员兼秘书长。1930年赴日留学。"九一八"事变后回国任《世界日报》主笔及燕京大学、中国大学、民国大学、中法大学、北平大学法商学院教授，讲授宪法学、劳动法学、新闻学和日本问题。1943年起在重庆任中共南方局文委秘书长、《新华日报》社论委员会委员、中共重庆工作委员会候补委员兼政策研究室副主任、《新华日报》代总编辑等职。
⑧ 袁殊（1911—1987），中共谍报人员、记者、新闻学者。早年赴日攻读新闻学、东洋史。曾创办上海自修大学并设新闻专科。1931年3月创办的《文艺新闻》，最早揭露了左联五烈士被害的消息。1932年任新声通讯社记者，经潘汉年引介加入共产党。1942年卧底敌伪报纸《新中国报》，1945年10月转移到苏北解放区；1949年调入中央情报部门。著《记者道》《学校新闻讲话》《新闻大王赫斯特》等书；译《新闻法制论》等。
⑨ 王文萱，曾留学日本，1930年5月翻译杉村广太郎的《新闻概论》。1942年国立社会教育学院新闻系成立，王文萱在该系教授新闻业务课程。1947年年初，李宗仁授意萧一山在北平创办《经世日报》作为喉舌，任命王文萱、蓝文澂两位教授为主笔。

旅欧2人为胡愈之和储玉坤①（详情见表）。这些涉足新闻学研究的归国留学生兼容并蓄，汲取美、日、德等国新闻理论和马克思主义新闻思想的精华，进行本土化改良，亦从侧面反映出中国新闻学的理论来源。

三、中国早期新闻学人往往兼新闻实践、新闻教育、新闻研究于一身

1918年，北京大学新闻学研究会成立，徐宝璜负责讲授新闻学知识。他结合自身从业经验，参考欧美新闻学书目，形成课程讲义；再结合讲课心得，不断完善新闻学理论。1919年，国人自撰的第一本新闻学专著《新闻学》最终成书。徐在自序中细陈写书修书之过程："新闻学乃近世青年学问之一种，尚在发育时期。余对于斯学，虽曾稍事涉猎，然并无系统之研究。客岁蔡校长设立新闻学研究会，命余主任其事，并兼任导师。余乃于暑假中，正式加以研究，就所得著《新闻学大意》一篇，以为开会后讲演之用。……开会后，余继续研究，加以会员之质疑问难，时有心得，遂将原稿加以修改，成第二次之稿……"②显然，"曾稍事涉猎"指其曾经担任《晨报》主笔的工作经历。早期中国新闻学人兼具从业经验和新闻学教学经验者多会总结实践经验、丰富新闻理论、著书立说、传道授业，这种情况并不鲜见。

从早期新闻学著作的作者（编者）身份来看：本丛书涉及国内著（编）者30人，除李公凡、刘元钊和鲁风三人身份不详，仅蒋国珍③、项士元④二人没有明确的新闻从业经验。而在这25人中，更有20人兼具从业经历与从教经历。新闻学人大多具有新闻从业经历，学术研究、传承活动与新闻实践密不可分（详

---

① 储玉坤，1912年生，江苏宜兴人，笔名雨君、储华。1937年中央政治学校大学部新闻学及国际政治专业毕业。1938年1月任《文汇报》编辑兼社论撰述者；1938年5月担任《文汇报》法国哈瓦斯分社编辑；抗战胜利后，任《文汇报》总主笔。1946年5月转任《申报》主笔和法国新闻社远东分社中文部主任，兼任中国新闻专科学校教务长和沪江大学新闻系教授。著有《现代新闻学概论》《第二次世界大战史》《美国经济》。

② 邓绍根．中国新闻学的筚路蓝缕［M］．北京：清华大学出版社，2015：244.

③ 蒋国珍出生于1896年，江苏溧阳人，做过学生运动领袖、国民党党员、教育工作者、政府职员、银行经理。曾加入上海学生运动，代表上海全国各界联合会、全国学生联合会、上海各界联合会、学生联合会四团体发言。虞文俊认为其传世的《中国新闻发达史》翻译自日本人伊藤武雄的《中国新闻发达史》，即蒋国珍应为此书的译者而非著者。

④ 项士元（1887—1959），佛教居士、学者。原名元勋，号慈圆，又号石楼。浙江临海人，通日、英、德、梵、俄文，一生佛学著作等身。25岁毕业于杭州府中学堂，后办私立小学和赤城初级师范，兼任各校教师；捐资并赠书创办了临海图书馆。项士元长期辗转江浙等地从事教育、新闻和史志方面的研究工作。中华人民共和国成立后主持台州文管会，任浙江省文史馆馆员。所著《浙江新闻史》是中国最早的新闻史之一。

见表1^①）。

从新闻学著作本身来看，许多民国新闻学书籍正是新闻实践和新闻教育的直接产物：国人自撰的第一部新闻采访学专著——《实际应用新闻学》根据邵飘萍在北京大学新闻学研究会和平民大学新闻系的讲稿所著，《新闻学总论》一书则根据邵氏国立政法大学的新闻学讲义整理而成；周孝庵[②]根据自己在复旦大学的新闻学讲义编著了《最新实验新闻学》；郭步陶[③]的《本国新闻事业》是上海市私立申报新闻函授学校讲义之十一；而《新闻学的基础知识》本就是中美日报读讯会[④]为新闻学自修者所出版的教材《实用新闻学讲义》之一；储玉坤的《现代新闻学概论》则是专门为大学新闻理论教科书而编写的（详见表2）。

正是由于早期新闻学人兼新闻实践、新闻教育、新闻研究于一身，才能为理论教学与著述提供最鲜活的案例，促使新闻实践经验迅速融入新闻学理论研究。这是近代中国新闻学迅速发展的重要因素，对于当今的新闻学研究、新闻学教育工作也有重要启示。

本丛书编委会邀请相关领域资深专家进行研讨，认真甄选了书目，仔细进行了版本比较和甄别，从而保证了本丛书较高的学术权威性。

由于历史的局限，民国新闻学书籍的不足是明显的，如学术理论不成熟、部分话语和话题打上了深深的时代烙印等；又因书中涉及的新闻稿件写作于特定历史环境和历史年代，其表达方式不严谨亦不可避免。盖所选书目皆是历史文献，我们在审校中尽量保持其历史原貌，不做大的删改；对极个别对马克思

---

① 李秀云. 留学生与中国新闻学［M］. 天津：南开大学出版社，2009：239-251. 本书中李秀云整理了民国期间从事新闻学研究的留学生44人，并分析其留学国别构成、专业构成、新闻实践经历、从教经历等。
② 周孝庵（1900—1973），佛教学者、律师、报人。松江府人。毕业于江苏省立第一商业学校。历任上海时事新报馆记者、编辑、主编，著《最新实验新闻学》。1928年秋被复旦大学聘为新闻学教授。曾于上海法政大学获法学学士学位，1930年兼律师。1932年主编上海《新闻报》"法律质疑"栏目，编著了《法律质疑汇编》。上海沦陷后，曾氏关闭了律师事务所，潜心佛学研究。
③ 郭步陶（1879—1962），原名成爽，后改名惜，字步陶。四川隆昌人。名记者、新闻研究者。1911—1917年任《申报》编辑，1917年任《新闻报》编辑主任、主笔。1930年任教于复旦大学新闻系。上海沦陷后赴香港，任职于《申报》（香港）、《星岛日报》；1939年创建中国新闻学院（香港）并任院长。抗战胜利后回沪任教于复旦大学、新中国学院。
④ 《中美日报》是"孤岛"时期的国民党报纸，为躲避日伪新闻检查，在美商罗斯福出版公司招牌下运作，副刊有《集纳》《堡垒》等。1938年11月创刊，1941年12月停刊，1945年8月复刊，次年4月终刊。总编先后为杨勋民、查修、詹文浒，总主笔周宪文，执笔者有储玉坤、章丹枫等。胡道静曾任英文编辑。报社读讯会为自修新闻学的读者出版了《实用新闻学讲义》，共计10种，对编辑术、采访术、评论作法、新闻写作、新闻学史、剪报工作等都有专篇论述。

主义、共产党等的不适当叙述已进行了删除处理。

本丛书规模较大，从策划项目、搜集资料、校订编纂到审稿成书，历时两年有余。这50本书可能并非本本经典，其中有些内容亦有重复、雷同之处，但瑕不掩瑜，它们对于研究中国新闻学功不可没，作为新闻史资料极具研究价值。感谢中国传媒大学出版社和安徽大学新闻传播学院诸位老师的辛勤付出，也希望读者在本丛书中能读出更丰富的内容，获得启发并更深入地思考。

丛书主编　芮必峰
2018年5月7日

附表：

表1 著者受教育、从业、从教及著述情况列表

序号	姓名	是否留学及留学国家	从业经历	从教经历	著作
1	徐宝璜	美国密歇根大学，经济学、新闻学	北京《晨报》主笔	北京大学新闻学研究会、北京平民大学新闻系	《新闻学》《新闻事业》
2	戈公振	1927年赴美国、日本考察新闻事业	首创《图画时报》、"上海新闻记者联合会"会长、《申报》总管理处设计处主任兼《申报星期画刊》主编	上海南方大学新闻系、上海国民大学新闻系、复旦大学新闻系、上海沪江大学商学院、上海民治新闻学院	《新闻学撮要》《中国报学史》《新闻学》
3	邵飘萍	东京政法学校	《汉民日报》主编、《时事新报》《申报》《时报》主笔、创办"北京新闻编译社"、《京报》社长	北京大学新闻学研究会、北京平民大学新闻系、国立法政大学	《实际应用新闻学》《新闻学总论》
4	吴定九	日本名古屋工业专门学校土木工程	主持《京报》	北京平民大学新闻系、国立法政大学	《新闻事业经营法》
5	谢六逸	日本早稻田大学东洋文学史	《立报》文艺副刊《言林》主编、《国民周刊》《趣味》周刊主编	复旦大学新闻系、申报新闻函授学校、国立社会教育学院新闻系、暨南大学新闻系、大夏大学新闻系	《实用新闻学》《国外新闻事业》《新闻储藏研究》
6	黄天鹏	日本早稻田大学新闻系硕士	在北平创刊《新闻学刊》并担任主编	复旦大学新闻系、上海沪江大学商学院新闻学科	《新闻文学概论》《中国新闻事业》《新闻学入门》《新闻学概要》
7	赵敏恒	美国科罗拉多大学文学院、密苏里大学新闻学院、哥伦比亚大学新闻学院攻读英国文学和新闻学，并获新闻学硕士学位	纽约环球通讯社编辑，后加入路透社。"九一八"事变后为美国国际新闻社、伦敦《每日电讯报》《朝日新闻》等供稿。1945年10月任《新闻报》总编辑	复旦大学新闻系、中央政治学校新闻系、暨南大学新闻系	《外人在华的新闻事业》

续表

序号	姓名	是否留学及留学国家	从业经历	从教经历	著作
8	周孝庵	无	历任上海时事新报馆记者、编辑、主编；主编《上海新闻报》"法律质疑"栏目	复旦大学新闻系、新闻大学函授科	《最新实验新闻学》
9	张友渔	1930年、1932年、1935年多次赴日学习新闻学、考察日本新闻事业	《世界日报》编辑、《大同晚报》总编辑、《国民晚报》社长、《泰晤士报》总编辑、《新华日报》社论委员	燕京大学新闻系、北平民国学院新闻系	《新闻之理论与现象》《日本新闻发达史》
10	袁殊	日本新闻专科学校、早稻田大学历史系	创办《文艺新闻》《译报》、新声通讯社记者	上海自修大学新闻专科	《记者道》《学校新闻讲话》《新闻大王赫斯特》《新闻法制论》（译）
11	胡愈之	1928年法国巴黎大学攻读国际法	《东方杂志》编辑、创办《公理日报》、哈瓦斯通讯社远东分社中文部编辑主任、主编新加坡《南洋商报》		《胡愈之出版文集》
12	储玉坤	留法	《新闻报》编辑、《文汇报》编辑、法国哈瓦斯通讯社中国分社编辑、《文汇报》总主笔、《申报》主笔、法国新闻社远东分社中文部主任	中国新闻专科学校、沪江大学新闻系、之江大学新闻系、致用大学新闻学系	《现代新闻学概论》
13	任白涛	日本早稻田大学政治经济学	创办中国新闻学社、《新湖北日报》总编辑		《应用新闻学》《综合新闻学》
14	曹用先	美国密歇根大学①	上海商务印书馆编辑所②	大夏大学③	《新闻学》

① 毛彦文. 往事［M］. 北京：商务印书馆，2012：28.
② 雪林. 一段值得介绍的婚姻（红藏·生活·第四卷第三十八期）［M］. 湘潭：湘潭大学出版社，2014：435-437.
③ 毛彦文. 往事［M］. 北京：商务印书馆，2012：28.

续表

序号	姓名	是否留学及留学国家	从业经历	从教经历	著作
15	王文萱	留日①	《经世日报》②	国立社会教育学院新闻系③	《新闻概论》（译）
16	伍超	留美"攻读新闻科"④			《新闻学大纲》
17	郭步陶	无	《申报》编辑、《新闻报》编辑主任兼主笔、《申报》（香港）、《星岛日报》编辑	复旦大学新闻系、《申报》新闻函授学校、中国新闻学院（香港）、新中国学院	《本国新闻事业》
18	任毕明⑤	无	《民国日报》《时报》《快报》主笔、《大众日报》总编辑	香港中华新闻学院	《战时新闻学》《评论学十讲》
19	赵君豪⑥	无	《申报》副总编辑	上海商学院新闻专修科、复旦大学新闻系、上海法政学院新闻专修科	《中国近代之报业》《上海报人的奋斗》

---

① 杉村广太郎. 新闻概论·黄序 [M]. 王文萱, 译. 上海：联合书店, 1930.
② 冯国定. 忆萧一山先生 [M] //中国人民政治协商会议北京市委员会文史资料研究委员会文史资料选编（第43辑），北京：北京出版社，1992：104.
③ 苏州大学社会教育学院. 峥嵘岁月（第三集）[M]. 北京、上海、南京、苏州校会. 1991：229.
④ 伍超. 新闻学大纲·自序 [M]. 上海：商务印书馆, 1925.
⑤ 任毕明，原名任大任，生于1904年，广东鹤山人。1925年在广西梧州创办《民国日报》，曾任《时报》《快报》主笔，主持过香港的《大众日报》。参与创办香港中华新闻学院，并任教。著作有《龙虎集》《风云集》《社会大学》《新社会大学》《战时新闻学》和《评论学十讲》等。
⑥ 赵君豪（1900—?）江苏兴化人。报人。"五四时期"求学于上海交通大学，经常给著名的《民国日报》副刊《觉悟》投稿，并与时任《觉悟》编辑的邵力子讨论种种社会改造问题。毕业后进入《申报》馆工作，抗战后任《申报》副总编辑。1929、1942年两度兼任复旦大学新闻系编辑教授；1930年兼任上海法政学院新闻专修科教授，讲授采访学；曾任《申报》新闻函授学校教授。1944年10月在重庆出版《上海报人的奋斗》。

续表

序号	姓名	是否留学及留学国家	从业经历	从教经历	著作
20	杜绍文[①]	无	杭州《民国日报》国际版编辑、《东南日报》《前线日报》主笔兼《新闻战线》周刊主编、《东南日报》总编辑、《文汇报》办公室主任	复旦大学新闻系	《新闻政策》《中国报人之路》《战时报学讲话》《国际新闻纵横谈》
21	胡道静[②]	无	《万有文库》编辑、上海通志馆编修、《通报》《中美日报》《大晚报》等报记者、编辑、撰稿人	上海法政学院新闻专修科	《上海新闻事业之史的发展》
22	张静庐	无	创办上海杂志公司并出任总经理		《中国的新闻记者与新闻纸》《中国近代出版史料》《中国现代出版史料》《中国出版史料》《在出版界二十年》
23	萨空了	无	《北京晚报》编辑记者、《世界日报》画刊编辑、《世界画报》总编辑、天津《大公报》艺术半月刊主编	民国学院新闻系、北京新闻专科学校	《科学的新闻学概论》

---

① 杜绍文（1909—？），又名杜超彬，广东澄海人。1927年入复旦大学中文学新闻组学习，1931年留校助教。后任杭州《民国日报》国际版编辑、资料室主任、浙江《东南日报》主笔。抗战期间主编浙江战时新闻学会会刊《战时记者》月刊，《国民日报》总编辑、社长；抗战胜利后任上海《前线日报》主笔兼《新闻战线》周刊主编。1946年至1951年间任复旦大学新闻系教授，1952年任上海《文汇报》记者、编委办公室主任。著有《新闻政策》《中国报人之路》《战时报学讲话》《国际新闻纵横谈》。

② 胡道静（1913—2003），安徽泾县人。1931年毕业于上海持志大学国语系。曾参加《万有文库》编辑和上海通志馆编修工作。"孤岛"时期坚守上海新闻界抗日宣传工作，任《通报》《中美日报》《大晚报》《密勒氏评论报》记者、编辑、撰稿人，同时在上海法政学院新闻专修科讲授新闻史课程，为共产党的抗日宣传培养新闻干部。1949年后历任中华书局上海编辑所编辑、上海人民出版社编审等。

续表

序号	姓名	是否留学及留学国家	从业经历	从教经历	著作
24	管照微①		复旦大学校刊编辑、1931年兼任上海新闻社记者	兰州大学经济系	编《新闻学论集》
25	项士元				
26	蒋国珍	疑为《中国新闻发达史》的译者而非著者②			
28	李公凡		不详		
27	鲁风		不详		
28	刘元钊		不详		

---

① 管照微,高中就读于上海立达学园,曾与王济深、刘仲达、唐旭之等先后组织了"时潮社"和"立达剧团"。后进入复旦大学新闻系学习,与伍梦窗、林楚君、向浦、徐之津等加入了复旦大学"左联",并负责复旦大学的校刊编辑工作。1933年12月21日因宣传左翼思想被捕,后任教于兰州大学经济系。
② 虞文俊是东亚中国新闻史研究第一人。《中国新闻发达史》译者蒋国珍初考[J]. 新闻界,2015(15).

表2 书目

序号	年份	书名	作者	备注
1	1903	新闻学	〔日〕松本君平 著	
2	1913	实用新闻学	〔美〕休曼著 史青译	
3	1919.12	新闻学	徐宝璜① 著	北京大学新闻研究会讲稿
4	1922.11	应用新闻学	任白涛② 著	
5	1923.8	实际应用新闻学	邵振青 著	北京平民大学、国立法政大学讲义
6	1924.4	新闻事业	徐宝璜 胡愈之 著	
7	1924.6	新闻学总论	邵飘萍 著	
8	1925.1	新闻学大纲	伍超 著	
9	1925.2	新闻学撮要	戈公振③ 编	
10	1927.9	中国新闻发达史	蒋国珍 著	
11	1927.11	中国报学史	戈公振 著	
12	1928.9	中国的新闻纸	张静庐 著	
13	1928.11	最新实验新闻学（上）	周孝庵 著	复旦大学新闻系
14	1928.11	最新实验新闻学（下）	周孝庵 著	复旦大学新闻系
15	1930.4	新闻事业经营法	吴定九 著	
16	1930.5	新闻概论	〔日〕杉村广太郎 著 王文萱 译	

① 徐宝璜，中国新闻学者、新闻教育家。1912年毕业于北京大学，后公费留美，于密歇根大学攻读经济学、新闻学。徐宝璜在美国密苏里大学受过系统的新闻学教育。
② 任白涛，笔名冷公、一碧，河南南阳人。1911年辛亥革命后，先后担任上海《民立报》《神州日报》《新闻报》驻河南特约通讯员，参加当地反袁活动。1916年留学日本，在早稻田大学攻读政治经济学，并加入了大日本新闻学会。
③ 戈公振所著的《中国报学史》最早由上海商务印书馆出版，是研究新闻学和我国新闻事业发展史的开山之作，国内外新闻界将之誉为中国首部新闻史学权威著作。任教上海国民大学期间，戈公振开始着手《中国报学史》一书的写作。在从事新闻工作之余，戈公振致力于新闻教育事业和新闻学研究工作，曾在上海国民大学、南方大学、大夏大学、复旦大学等校新闻系和杭州暑假报学讲习所讲授新闻学方面的课程，在新闻学研究上留下了许多著述。

续表

序号	年份	书名	作者	备注
17	1930.8	中国新闻事业（上）	黄天鹏[①] 著	
18	1930.8	中国新闻事业（下）	黄天鹏 著	
19	1930.8	新闻纸研究	〔日〕后藤武男 著 俞康德 译述	
20	1930.9	浙江新闻史（上）	项士元 编	
21	1930.9	浙江新闻史（下）	项士元 编	
22	1932.7	学校新闻讲话	袁殊 著	
23	1932.8	外人在华的新闻事业	赵敏恒 著	
24	1933.4	新闻学入门	黄天鹏 著	
25	1933.10	新闻学论集	管照微 编	复旦新闻学会丛书
26	1935	实用新闻学（上）	谢六逸[②] 编	申报新闻函授学校讲义之三
27	1935	实用新闻学（下）	谢六逸 编	申报新闻函授学校讲义之三
28	1934.1	新闻学	曹用先	
29	1934.2	新闻学概要	黄天鹏 编	复旦大学讲义、上海沪江大学新闻学专修科
30	1935	上海新闻事业之史的发展	胡道静 著	
31	1936.5	新闻学讲话	刘元钊 编著	

---

① 黄天鹏，字天鹏，别号天庐。1927年1月，他创办了我国首个新闻学刊（1929年扩改为《报学月刊》）并任主编；他是我国新闻学术史上最早研究新闻学之产生及发展史的学者，是我国具有新闻学术史观的第一人。他于1923年就读于北京平民大学报学系，1929年留学日本，修业新研究所，旋入早稻田大学新闻系。归国后出版了《新闻文学概论》《中国新闻事业》《新闻学入门》《新闻学概要》等十余本新闻学专著。

② 谢六逸，中国现代新闻教育事业的奠基者之一。著名的作家、翻译家、教授。1917年以公费生身份赴日就读于早稻田大学。1922年毕业归国，入商务印书馆工作。后历任神州女校教务主任及暨南大学、复旦大学、大夏大学教授。1930年任复旦大学中文系主任，并创设了后来闻名海内外的复旦大学新闻系，任主任。

续表

序号	年份	书名	作者	备注
32	1936	本国新闻事业	郭步陶 编著	申报新闻函授学校讲义十一
33	1936.6	新闻之理论与现象	张友渔 著	
34	1936.11	记者道	袁殊 著	
35	1937.7	现代新闻学概论	储玉坤 著	国民党政府唯一指定大学新闻理论教科书
36	1938.7	战时新闻学	任毕明 著	
37	1938.9	中国近代之报业（上）	赵君豪 著	
38	1938.9	中国近代之报业（下）	赵君豪 著	
39	1938.10	基础新闻学	李公凡 著	
40	1939.7	中国报人之路	杜绍文 著	
41	1940.4	新闻学	戈公振 著	1932年完稿，另有1947年版
42	1941	新闻学的基础知识（上）	中美日报读讯会 编	中美日报读讯会实用新闻学讲义
43	1941	新闻学的基础知识（下）	中美日报读讯会 编	中美日报读讯会实用新闻学讲义
44	1941.7	综合新闻学1	任白涛 著	
45	1941.7	综合新闻学2	任白涛 著	
46	1941.7	综合新闻学3	任白涛 著	
47	1944.9	新闻学	鲁风 著	新中国自修学院约稿
48	1946.6	科学的新闻学概论	萨空了 著	另有1945.3出版的署名艾秋飚的版本
49	1946.11	新闻史上的新时代	胡道静 著	
50	1947.12	新闻学的理论与实际	〔英〕斯蒂德 著 王季深 吴饮冰 译	上海文化函授学校读本

中國新聞發達史 目次

第一章 中國報紙的濫觴 ………………………………… 一
- 第一節 邸報 …………………………………………… 一
- 第二節 中國的印刷術 ………………………………… 一〇

第二章 中國近代報紙的先驅 ………………………… 一三
- 第一節 教會報 ………………………………………… 一三
- 第二節 外國商人的機關報 …………………………… 二三

第三章 中文報紙的發達 ………………………………… 四四
- 第一節 概說 …………………………………………… 四四
- 第二節 中文報紙的創刊 ……………………………… 四六
- 第三節 「戊戌政變」與報紙 ………………………… 五一

— 1 —

目次

第四節 共和以後的中國報紙…………五三

第四章 論中國報紙的諸特徵

第一節 發行份數…………五九

第二節 代表輿論的報紙…………六二

第三節 中國報紙與外國報紙及通信社…………六五

第四節 中國報紙與廣告…………六六

第五節 中國報紙與租界…………六八

第五章 現在中國各種報紙概況…………七一

中國新聞發達史

第一章 中國報紙的濫觴

第一節 邸報

一 新聞通信（古代）

據亞細亞雜誌（Asiatic Journal）說：「嚴格的說，中國可以說是沒有可以稱爲報紙的東西」(1) 蓋從十五世紀末，歐洲的報紙已漸次發達。拿當時的中國來比較，自然是無具有可稱爲報紙資格的東西。(2)不過人類是好新奇的，並具有交換新奇的本能。所以相當的時代和報紙性質相同的刋物，也就自然應運而興了。

在文字未普及時，都是以歌謠來傳播新聞，東西洋是一樣的。如日本書紀中的童謠；埃及亞細利亞的古詩都是當時傳播新事件的媒介。我

— 1 —

國詩經中的國風,也是這類的東西.至於帝王的詔命,以及官吏宣傳德政的布告,有時也有幾分像報紙.如我國的春秋,都屬於這一類.(3)試看現代的報紙不是負有「宣傳」的一種使命嗎?在這一點看起來還帶着從前宣傳德政於人民的遺意;同時可以知道「官報」是最先發達的.在歐洲新聞史上可稱為官報之祖的,要算羅馬的阿克塔竇托納斯和阿克脫台路那,這都是愷撒 Ceasar 所發行的.專記元老院議決的軍事案件及羅馬市所新發生的事件以其一份揭示於民眾,餘則分給駐在各地方的總督.(4)

文化發達之後同時社會生活,也就複雜.覺得只賴着官報,是不能滿足,於是就有民報發現.所謂民報就是人民自己所編輯發行的和官報是對立的一種刊物.不過當時傳達新聞,是民間流行的歌謠;所以民謠是在直接報紙化的時候,就成為民報.尤其是在歐洲,在這上面加以經濟上的要素而成為今日報紙的基礎.至可稱為濫觴的,還要推羅馬地方官對於從殘留於羅馬市的奴隸或已經職業化特約通信員所寄送的政治或社會上的新發事件的「信札通信」呢?到了八九世紀其範圍漸次擴大寺院、貴族、學者都市的政廳等其通信亦用特約其中通信的輪流觀覽也開始了.又加以商業上必要的通信要素而地中海沿岸的商業中樞都市,就成為信札通信的中心地一直到十六世紀在羅馬及威尼斯地方,竟然有同一內容的通信,居然日日預約販賣而生出所謂報館及新聞記者的新生物恰巧在十五世紀中業,哥德白露非發明印刷術也是報紙發展中的偉大的助力,所以報紙的起初,是不過販賣歌謠的印刷物後來卻漸次印刷散文;到十七世紀末乃完全用散文像路德的九十六條宗教改革宣言(一五一七年)也是由此而傳達於四方的.(5)

第一章

二 中國的古代報紙

張柏蘭 H. S. Chamberlian 在他的二十世紀的基礎（Grundlagen des 20 Jahrhuderts）一書中，有關於討論中國文明的一節略謂：「中國雖然先歐洲而完成重要的發見或發明，但不知將其發見利用在實用上或文化上」他的意思就是說天啓以科學式的暗示而不能窮其究竟．例如「指南針」雖然在歐洲人發明以前，（黃帝的指南車）早已發見了，但未利用之於水運火葯的發明雖亦較歐洲早但只把此用於平和的焰火其用於戰爭上還是後來的事呢就是印刷術新聞事業也無不如此．(6)

依據中國的歷史，其最初可稱為報紙的東西，在距今一千年前唐玄宗的時代已經發現了．(A.D. 714) 其名為「邸報」(7) 後代當作一種官報稱其名為「京報」而連綿至前清末葉．可稱為世界上最古之報紙.

當時的官報，因為唐朝地方長官的十六節度使的私邸，均置於首都長安，而私邸的主要事務要把他通報於各自的藩鎮，所以「邸報」就成為通報的機關了．「邸報」是以皇室的狀況詔令奏章敍任辭令謁見、朝覲賞卹、廟堂會議等事及關於藩邸的私事通信為內容的．其印刷雖全部是木版，但不久即改用活字印刷（有木造陶製二種活字，後者用處較多）其發行次數起初是在必要時發行，是不定期的；但至一三五〇年以後（元朝）就定為旬刊．至一六六二年以後（清朝）改用銅活字，而部數之多少得體其須要自由增減，因之就普及到政府以外的學者、地方官、大商人等的有關於政治知識的方面去了．

現在追查「邸報」發達的痕跡，其初是為私邸所發行，其內容也是官報式的；但其後發行，則非出於政府之手，實際上可說是有「私」的傾向，不過到後來當作京報，而其形式內容都完全成為政府的機關，及至最近西洋文明東漸，而仍不知趨向近代報紙之塗徑者，雖說是因為中國的社會組織政治形式的專制與人民經濟未十分發達及民間沒有報紙需要的原因，但如張柏蘭所謂「使文化之芽缺於引導到實用上去的能力」這似是中國的弱點呀。

但今日報紙發達的動機完全是從外來的刺激，一是傳教士的報紙，二是外國商人而這兩種人的侵入，不能不說是通商的結果。

(1) 參閱一八二七年發行的亞細亞雜誌．

(2) 歐洲諸國報紙發現的年代：意大利是一五六六年在 Venice 所發行的 Notizie Scritte 只有一張報紙後之稱報紙為 Gazette 就是從意大利的單張報紙 "Gazette" 而來的．

德國在一四五〇年的活版發見後，以在 Augusburg 及 Narurberg 的信札式小冊子的發行為最早，其後 Vienna 也起來了，普通稱為 Relationen 或 Nene Zeitungen，是不定期發行，而載有科學旅行記及發明等．至一六一五年始有當作週刊的 Das Frankfurter 產生法國的 "Gazette de France" 雖然是受着意大利報的影響而起，但是年代不明．像 "Mecurie Francois" 在一六○五年是以供給史料為主而起的．在一六三一年法蘭西報產生始成為時事評論主筆 Doctor Pheophrast Renandot 而在 Cardina Richelien 的保護之下做其宣傳的工作，其後 Cardinal Mazarin 發起 Mazarin 報，"Paris Mercurie" 不載新聞政事而專論史料學藝革命後 "Le Monitene Universelle" (1789) 討論政治道德問題而 Nouvellesa la Main 作拿破崙時代最激烈的批評．英國如 Alexander Andrews 說：「英國的手印報紙自為貴族而起後，因一般的要求，學者以歌謠諷之，於是有新聞小冊子的發生，而即以此

第一章

為近代報紙的創始」一六二二年，Weekly News 刊行於倫敦稱之曰"English Mercuries"，一六六○年在 Edimburgh 有 Mercuries Caledonis 均為週刊．

日刊的開始，是十八世紀之初由一七○九年一頁報"Courrant"及一七三○年的"The Orange Post"一七七六年的"The Craftsman"而成為現時的報紙．

美國雖然在一六九○年有"Public Occurrance both Foreign and Domestic"(By Benjamin Harris)在一七○四年有"Boston News Letter"之出，但均不久絕跡．一八五六年所創的刊物"New Hampshire Gazette"可算為今日美國報紙中最古之物．

俄國的新聞事可算是最落後．其狀態與中國相似．革命前著名的報紙．如"Journal de St. Peterburg""Nouve Vremya""Novosta"是由政府管

(3) 理的機關報（據 J. E. Rogers「最近五十年史」）

商周之間政府設置專官；而於春秋二季出巡諸國間民風俗歸而復命於太史．劉歆與楊維書曰：「三代周、秦，軒車使者遒人使者以八月巡路求代語童謠歌戲，而周官太史所掌．」又曰：「陳詩以觀民風」今日所傳之詩歌國風國策，是當時的報紙．王安石目春秋為「斷爛朝報」蓋卽斷片新聞之意．（見秦理齋中國報紙進化小史——最近五十年史．）

(4) 根據 Rogers 的世界新聞進化史和小野氏的日本新聞發達史．

(5) 見小野氏的日本新聞發達史．

(6) 見（China, Wirtschaft und Wirtschaftsgrundlagen, S. 49.）

(7) 唐詩和有「韓翃家居，一日有人叩門賀曰邸報制詰關人，中書進君，已除駕部郎中知制詰矣．」此為邸報的最初的紀錄．其後東坡詩有

「坐觀邸報,談迂曼周密.」癸辛雜誌續集中亦記之.(據秦理齋中國報紙進化史).

(又)邸報似發於唐而傳於宋,但至其撰輯情形以及刊行日期等,則無從查考,不過其為官報之鼻祖則甚明瞭.元、明亦稱邸抄,至清代而為京報.革命後的政府公報亦即為此.

第二節　中國印刷術

一、木版　據考證上看來最古的木版當在隋朝(A.D. 531-618).至用於印行著作,則由唐末(後周世宗顯德元年 A.D. 954)之馮道始.入宋,木版本印刷已極盛行.

二、陶活字　在木版之後遂有木版活字.到北宋而有陶器活字.據 S. W. William 的 "Middle Kingdom" 說,中國在五百年前(即十一世紀之始,北宋初期)已用陶製活字.其製法是先以粘土板之軟面刻以文字,而將燒熔的蠟、松膠、石灰等注入即成，再將此製成的活字，排列在框中，然後塗以墨水以手按擦而印刷．

三、銅活字 據考古家說在十一世紀初已有銅活字，但無確實的記錄．康熙（A.D.1662-1792）曾命傳教士加薩秀特鑄造二十五萬銅活字．那麼這銅活字，當是由他們傳來的京報因銅活字的印刷容易，所以增加份數即分部的範圍也非常擴大了．不過這活字沒有好好的保存在已散逸了．乾隆雖曾重行製造，（A.D.1736-1795）可是也失傳了．我們又從何處去考查牠的遺製呢？一八○五年佛山（廣東之西）的書籍商會以銅活字製造三種模型印刷彩票及馬端臨的文獻通考一百二十卷．其原型經太平天國之亂而散逸據說當時曾有一個傷兵得了十個活字，但又被外國兵拿去了．

四、鉛活字 我國文字的鉛印，是始於一八一五年是P. P. Thomas 專

— 11 —

第二章 中國近代報紙的先驅

第一節 教會報

一、民報 近代報紙的時質，代表輿論．古代報紙的時質，是代表統治

為澳門東印度公司印刷廠立孫辭典而製造的．同年在 Seramdore（印度的港）鑄成小紙型．一八三四年 Legrand 氏受巴黎的 Pauthien 氏委託曾鑄中國字母三千枚．一八八四年將其全部運入中國，而為美國教會印刷之用．

Rev. S. Dyer 在一八三八年發明鋼鐵刻活字器，到一八三四年他死了，製成的字，只有一八四五個後來還是 R. Cole 氏完成的．又一三六〇年因為美國帕來斯惠探倫教會的報紙，Gamble 氏就把電氣版印刷術輸入到上海了．

階級的意旨的，不過從報紙發達史看起來，畢竟官報是比民報先發達東西各國報紙的起原，也是這樣有一個「官報萬能」的時代，我在前面已說過了．至於歐洲民報的發達是在十六七世紀的時候，到了今日已成爲世界報紙的模範了。

我國最初的「邸報」雖然有官民報雙方的性質，但僅行於統治階級者之間，那是不能否認的．至於後來的「京報」完全代表統治階級的東西．我們從這一點看來，就可以想到中國帝王勢力的強大．再進一步也就可以想到民間的經濟發達，遠不及歐洲了．

日本民報的發達，到明治維新時，已經成熟，而我國到前清末年，外國文明，已如波濤湧入，但除唯一的官報以外民間對報紙還沒發生需要的觀念，這也是我國今日報紙尙不免於幼稚的一大原因吧！

二、教會報紙　予我國今日報紙以最大影響的，據旭克耳(Fritz Sec-

第二章

ker）說，要算倫敦傳教會（London Missionary Society）(1)的摩立孫（Dr. R. Morrison）(2)及密爾恩（W. C. Milne）(3)了。他們兩人，一八一五年在馬拉芝克曾發刊一種中國報紙用以傳道。旭克耳關於報紙本身雖然沒有什麼記述，但據秦理齋中國報紙進化史說，一八二〇年摩立孫博士刊有像東西洋每月統計樣子的中文報紙其目的在宣傳教義和提倡教育及報告世界大事，所以這個報紙可以說是教會報紙的鼻祖了。又據 Encyclopaedia Sinica 裏面說，一八一八年馬拉芝克地方有由密爾恩發行的 Indo-Chinere Gleaner 日刊恐怕就是最初的洋文報紙吧！考笛兒 Cordier 是法國人，而為有名的中國學者，他的蒐集，因此當時各地就有模倣摩立孫摩立孫曾把該報紙一部分採為彙編。密爾恩報紙的東西發生一八二三年巴塔維亞、一八三三年新加坡、一八三八年廣東、一八五三（六五）年香港、一八六一年寧波、一八五七

—14—

（八）年上海、有種種宗教的報紙發起.(4)又教會報紙的功臣,如法乃姆(J. W. Farnham)愛倫(Y. J. Allen)雷卡(Timothy Richard)等他們所經營的報紙,有中西教會報(一八九一)教會新報(一八九四)萬國公報(一八八八)等與華報(The Advocate)起初是以福州月刊為母體,由陳衛鳳及勃克(A. P. Parker)博士主編是美國美索及斯脫教會的機關報,其讀者不單是教會的關係者,能遠及於新加坡海峽殖民地當作傳道報紙而起的報紙除傳道記事之外同時也宣傳所謂"News"及智識因之與普通報紙有同樣的勢力者不少.現在京津間中文報紙發行最多的益世報,雖其資本由美國教會所出是他們的機關報;但一般閱讀者幾乎都沒有注意此事的通聞報(The Intelligeneer)創刊於一九〇二年是住在中國本部及滿洲七千餘歐美人的長老會所主持而產生主筆為陳諱盛及烏特伯立基(Dr. L. T. Woodbridge)二博士.

— 15 —

第二章

聖公會報是月刊，完全由我國人經營．女鐸報（The Woman's Messenger）是白女士（Miss Laura White）所編．福幼報（Happy Childhood）是麥考吉勒術雷夫人（Mrs. D. MacGillvray）所編．至於青年進步（The Association Progress）者乃是基督教青年會的機關雜誌．

這些教會報紙起初大抵為月刊．其後都成為週刊日刊．其內容除宣教外起初多載自然科學商業人物評論及教育的文字．其經營起初雖然是由外國教師編輯者為多．但漸次便移到中國人自己的手中．其後不過只有資金仰給於教會．而與普通報紙毫無分別了．

三、教會報紙與中國學者　The "Chinese Reader" 是一八六八年在福州由鮑爾文（Rev. S. L. Baldwin）主編的月刊；而一八七〇年至一八七二年則為杜烈蒂（Rev. J. Doolittle）所編．其後雖會中絕，但至一八七四年魏利氏（Allex Wylea）又在上海改為半月刊發刊．而為美國長老會的

— 16 —

機關報一八七八年鮑爾文(Dr. S. L. B. Baldwin)改任該報主筆、一八八〇年後赫頗(Dr. A. P. Happer)為主筆,一八八五年後是葛洛克(Dr. Gluck)為主筆復改為月刊因當時在中國以西文記錄中國時事的報紙甚少並且還有足資教師研究的貴重論文所以頗為暢行投稿家有艾迪金(5)(J. Edkins)柏雷茨乃德(6)(E. V. Bretschneider)及金士米耳(Kingsmill)等.其後普通報紙發達這些報便漸漸只關於教會自身的記載而與時事無關.

現在上海資格最老的申報,實也是從英國教會牧師麥怡(F. Mayor)在一八七二年所辦的報紙而發軔的,和牠對抗的那時有法國伊愛追廷在徐家匯發行的益聞錄.

根據一八九〇年在上海所開的新教會教師大會的報告,說:「當時中國的定期刊物計七十六種而其中四十種是關於教會宗教的東西.

第二章

中國今日的文化開發,歐美傳教師也有多少貢獻.尤其是清末科學的輸入.至於教我國人以近代報紙的經營法者也是他們,而寶以英國倫敦協會為始祖.其後則為外國的商人與外國的報紙都予我國報紙以極大的助力.今教會報紙雖已極少但他們的功勞却有不可忘之處呢.

(1) 倫敦教會 (London Missionary Society) 本部在倫敦.一八〇七年着手中國傳教,是在香港、廣東、福建、浙江、江蘇、直隷、湖北等處.其內部則受協會 (Congregational Churches of Great Britain and Australia.) 會員的金錢來支持.中國最初傳教的蘇格蘭長老會的麼立孫 (R. Morrison, A Scotch Presbyterian) 一八一三年密爾恩 (Rev. W. Milne) 在馬來羣島,從事於中國人傳教.其時傳教甚難,麼立孫從一八一四年起的廿五年間,不過得到信徒十人.麥特嚇斯脫(Rev. W. Medhurst)於一八一六年來華一八二〇年在爪哇發行報紙選持攝要.香港未闢為商港以前陸哈德(Dr. W. Lockhart)即創立一個醫教會(Medical Missionary)及香港為英所強佔,即由爪哇移此.一八四四年着手廈門傳道並派陸哈德、麥特嚇斯脫及密爾恩的兒子到寧波去工作.一八四五年愛迪金(J. Edkins)與上海的幹部相聯結而以天津為中國北部的根據陸哈德入北京一八六一年默耳海(Rev. W. Muirhead)住在漢口着手於中國中部的工作.

(2) 廖立孫於一七八二年生於 Northumberland 而於一八三四年死於廣東葬於澳門是中國新教傳道的先驅初學希臘及希伯來文,入倫敦教會攻醫學及天文學後從廣東人學中國語.現倫敦博物館中有其手書的中國文聖書一八〇七年由紐約而抵廣東,打破中國官吏及羅馬卡索立克及澳門的東印度公司間種種傳教的困難；於一八二四年完成聖經的翻譯印刷，那是在Serampore（印度的港）Marshoman二年前翻譯的．因此便得着東印度公司翻譯的職位．一八一二年著 Chinese Grammer 一八一四年著 "Morrison Dictionary" 一八一六年譯 "Lord Amherst's embassy to Peking" 一六一四年七月在澳門施中國新教徒最初的洗禮．其後一十五年仍做傳道的工作，得信徒十人．

(3) 密爾恩於一七八五年生於 Aberdeenshine，於一八二二年死於 Malacca，雖於一八一三年所派遣，但被羅馬卡索立克的當局所阻止，卽在廣東亦不過數個月，遂被遣到馬來羣島傳敎後來在 Malacca 開始報紙的印刷而立下了 Anglo-Chinese College 的基礎，並發行中國文及英文（Indo-Chinese Gleander）的二種雜誌後遂

(4) 積勞而卒.

(5) 參照 China Wirtschaft und Wirtschafts grundlagen, P. 50 第三章第二節.

(6) 艾迪金倫敦大學畢業，一八四八年充任 London Missionary Society 的委員，而到上海並在天津北京等處設立教會．一八六三年由 Edimburgh 授以神學博士學位，一九〇五年歿於上海關於中國的著作極多.

柏雷茨乃德一八三三年生於里昂，一九〇一年死於彼得格勒．是北京俄國公使館副醫官．他關於植物及地理有貴重的貢獻．Botanicon Cinicum 一書卽氏所作．載於 Royal Asiatic Society 中國北部支部所發行的雜誌中．大秦國 (Ta Tsin Kuo) 一書載在 China Recorder 中．On the Knowledge Possessed by the Ancient Chinese of Arabs 一八一七年在倫敦出版．Chinese Intercourse with the Countries of the

Central and Western Asia during the 15th Century, 在 China Review 中發表. Early European Researches into the Flora of China 一八八一年在上海發行. Map of China 一八六〇年在彼得格勒發行.

(7) 見 China P. 51.

第二節　外國商人的機關報

教會報紙，是助長中國近代報紙發達的東西，固無異論；但是在中國貿易的外商也有相等的努力．因他們要熟習中國和世界的消息，其初雖賴教會報紙，後來他們人數漸增，勢力漸大，感覺自己有設報館的必要，所以就自行發刊；卽在今日尙有其報紙勢力呢．這種報紙最初在商港發行，如我國的廣東，後來便在香港澳門寧波，福州上海等商港相繼發現．所以今日不但是西報紙在商港獨爲發達，就是中國報紙的勢力，也是這樣呀．

他們起初，是以溝通中外的消息為目的，但後因中國報紙的無力，或被政府利用或言論不能自由結果外國報紙在中國報界及外交上倒反而有特殊的勢力，甚至還有左右中國輿論的勢力呢．

今將各地所發行的重要報紙列記於左：（無特記的都為 British paper．Ed.＝Editor．Fr.＝Frequent）

（I）Canton（廣東）

1. "The Canton Register" (1827. XI. 8. 1843)(Hongkong)

　　Fr.—Weekly（遷移至香港後改為 Hongkong Register）
　　Ed.—J. Matheson

2. "The Canton Press (1835 XI, 12, 1839 (Macao) 1844 end.)附商業附錄．

3. "The Canton Miscellany (1831)

4. "The Chinese Repository"

第二章

5. "Middle Kingdom" 為 S. W. Williams 所投之稿、
   Ed.—B. Ridgman

(II) Hongkong（香港）

從香港移來發行.

1. "The Friend of China" (1858-1861)
   Ed.—J. Slade.
   投稿者——Dr. Morrison.
   附錄——"Canton General Price Current" (1835—)

2. "The Friend of China" (1842, III, 12, 1858)
   Ed.—J. R. Morrison, J. White, Dr. Satchell, J. Carr. 等相繼主編.
   Fr.—Weekly.

3. "The Hongkong Gazette"(1841, V, 19,—1842 ,II.)

因一八五八年與香港政府官吏爭執（W. Tarent 主編時）始移至廣東.

Fr.—二週刊.

與 Friend of China 第二號合并.

4. "The China Mail"(1845, II, 20 —現存）

Fr.—Weekly—daily(1876 II. 1 —現存）

Ed—Andrew, Shortrete

現存的日報晚報（與 Evening Mail 合併）

5. "The Evening Mail"(1864)

合併於 "China Mail"

6. "The Daily Press"(1857, X. 1,—現存）

是在香港最有名的政府機關報.用中文印行.

7. "The Dixon's Hongkong Gazette"

8. "The Dixon's Hongkong Recorder"(1850)

"The Hongkong Recorder"(1859)

9. "The Hongkong Shipping List"(1855, VIII, I)（停刊）

10. "The Daily Advertizer"(1863 XI—68)

"The Hongkong Times"(1769 VI.—1872)

附錄 "Daily Advertizer and Shipping Gazette."

11. "The Hongkong Government Gazette"(1858)

Fr.—Weekly—（停刊）.

12. "The China Review" (1872 VI.-1901)

Fr.—半月刊.

第 二 章

13. "The Notes And Queries On China And Japan" (1867-1870)

Ed.— Dr. N. B. Dennys.

Fd.— N. B. Bennys, E. J. Eite.

有時事評論科學研究等論文二十一卷,在中國的學術研究方面說,可稱為是非常貴重的資料.

14. "The Translations of China Branch of the Royal Asiatic Society" (1847-1859)

載有貴重的中國研究論文,出六卷即止,今不易得.

15. "The China Magazine" 1865

Ed.— C. Lengdon Davis.

Fr.— 月刊.關於研究中國的論文極多.

16. "The China Punch"

(III) Macao (澳門) Portuguese (Portuguese Papers)

1. "A Abelba da China."(The bee of China) (1822, IX, 12-1824)
2. "Gazeta de Macao" (1824-1824)
3. "O Macanista Inparical" (1836 XI, 9)
4. "Chronica de Macao" (1834, X, 12-1837(8))
5. "O Verdadeiro Patiota" (1838-)
6. "Boletin official de Governo de Macao (1893, I, 9)
7. "Boletin de Brovincia de Macao et Timor."
8. "O Independent."

第二章 (IV) Foochow（福州）

1. "The Foochow-foo Courier (1858 X, 12)
2. "The Foochow Advertizer"
3. "The Foochow Daily Echo"

A. British papers

1. "The Friend of China" (1863-1864)（停刊）

    Ed.—Treasure Jones (1863)

    W. Tarrant (1864)

    初在香港後移廣州,現已停刊.

2. "The Evening Express" (1867. X, 1)（停刊）

    Fr.—日刊

    Ed—T. Jones.

3. —"The Shanghai Evening Courier" (1868 X, 1)

    Ed.—Hugh Lang 投稿家極多.

4. "The Foochow Herald" (1873, IX, II)

    (V) Shanghai（上海）

第二章

4. "The Shanghai Budget And Weekly Courier (1871, 1, 4–1815)
   Fr.——週刊
5. "The Evening Gazette" (1873, 1, 2—)
   "The Shanghai Courier And China Gazette" (1875)（收買後改此名）
6. "The Celestial Empire" (目下由 Shanghai Mercury 社發行)
   Fr.——週刊（創設者 葡萄牙人 Fedro Loreuiro）
   Ed.——F. H. Balfour
7. "The Waifs and strays from the Far East North"
8. "The North China Herald" (1860 VIII, 3—現存)
   Supl.——"North China Herald and Market Report" (1867, 1, 5) 出到一四〇號
   "Suprem Court and Conculer Gazette" (1867—)

"North China Herald and Supreme Court and Central Gazette" 時買出改為下名:

Fr.——週刊

Ed.——Henry Shearman; Sammel Morsman; R. Alexander Jamieson; R. S. Gundry; G. W. Handen; F. H. Balfour; J. W. Maclellan; R. W. Little; H. T. Montague Bell; O. M. Green (1911) 等人相繼主編.

Supl.——1864 日刊附錄出 The Daily Shipping and Commercial News 本報為上海最重要的西文報紙發行計四大張後日刊改為 "North China Daily News" 而 Herald 則改為週刊是中國中部的英商機關報.

9. "The Shanghai Daily Times (1861, IX, 15-1862 IX)

10. "The Cycycle a political and literary Review" (1870 V. 17-1871 III 24)

第二章

11. "The Shanghai Recorder."

    Ed.:—Dr. R. A. Jamieson

    本報為稅關為機關報,不久即停刊.

12. "The Shanghai Mercury" (1879 IV 17—現存)

    Er.—日刊 (1867, 1 將財產拍賣)

13. "The Celestial Empire" (即前社所發的週刊)

    Ed.—J. Clerk; J. R. Black; C. Rivington.

14. "The Evening Gazette" (1873 VI 2-80 號) 因遭大災而中絕.

    Fr.—日刊 (現增加日本資本,而以佐原篤介氏加入幹部)

15. "Shanghai Evening Courie (1868 XI-1875)

    Ed.—F. H. Balfour (1873 再刊—1875 合併)

    Ed.—Hugh Land (主編死後即停刊)

16. "The Shanghai Courier and Evening Gazette（日刊）—1876年由(14)(15)二報合併而成.

17. "The Shanghi Budget and Weekly Courier"

是 The S. E. C.(15) 社所出的週刊，到一八七五年與 E. G.(14) 相併合後，未幾即停刊.

18. "The Journal of North China Branch of the Royal Asiatic Society"(1859-1917) 98卷 其間 1861-63 中絕.

19. "The Far East" (1876-)

 Fr.—月刊，圖畫雜誌 後曾在日本發行，不久即停刊.

20. The Social Shanghai (Journer de Dames)" (1906-1915)

21. "The East of Asia" (1902-)

 Fr.—季刊（由 North China Herald 社發行）

22. "The Temperance Union Weekly Newspaper"

23. "The National Review" (1904-1916)

    Fr.—半月刊至二十卷止.

    Ed.—W. Kirton; W. Sheldom Ridge.

24. "The Shanghai Chronicle of fur fact and fiction" (1859 III.-60 V.)

25. "The Punch, Shanghai Charivari" (1871-73)

    Ed.—Peter P.obertson

26. "The Shanghai Almanac"

    Ed.—E. H. Grimani; F. H. Balfour.

27. "The British Chamber of Commerce Journal."——英商的機關報.

    Fr.—月刊（現存）

    (B.) American paper.

第二章

1. "The Shanghai News Letter for California and the U.S.A." (1867-1871)

    Er.——月刊

    Hugh Land 經手後，在一八七四年與 "Shanghai Budget and Weekly Courier" 合併改為下名：The Shanghai Budget and Weekly News Letter.

2. "The Common Wealth"——即前記者所經營

    Fr.——週刊——六週後停刊

    Ed.——John Thorne

3. "The China Press"——1911, VIII, 23——現存.

    於此得見美商在中國的意見.

4. "The Chinese Recorder"（一八六八年停刊）

5. "The Evening Star"

    Fr.——日刊（現存）

6. "The Weekly Review of the Far East"（為 Millard Review 方面的評論雜誌）

7. "The Far Eastern Review"

Fr.——月刊（現存）

Ed.——Bronson Rea.

是關於中國鐵路礦山地質工商業上的雜誌。

第二章

(C) French Papers.

1. "Nouvelliste de Shanghai"（1875, III, 1-1872, 1, 23）

2. "Le Courier de Shanghai"（1875-1, 16）

Fr.——週刊

3. "Progres（1871, III, 1-1872 1, 23）為 "Le Nouvelliste" 之敵，互相競爭，結

果兩敗俱傷．

4. "L'Echo de Shanghai (1895-1927 停刊) ——法國機關報中之最有力的．

(D.) German Papers.

1. "Die Ferne Osten (1902-vol. III end).

Ed.——C. Fink (Ostasiatischer Lloyd.)

2. "Der Ostasiatischer Lloyd" (1886-1917).

Fr.——週刊

3. "Die Dentshen Zeitung für China (1915-17)——歐戰期間停刊

是德國在中國的宣傳機關中心，後因中德宣戰而停止．

德國於一九〇六年在青島的 "Tsingtauer Nenesten Nachricu刊的 "Tagesblatt für Nord China," Kiautschou Post (1912)是由一九〇刊的，"Deutche Asiatische Worte"而改名的中德宣戰時停刊．

第二章

(VI) Hankow（漢口）

1. "The Hankow Times (1866, 1.6.1868 III, 28)
Fr.—週刊.

2. "The Hankow Daily News"（停刊）
初由德人經營,因歐戰而停止.

3. "The Central China Post"（現存）
由英人經營,漢口唯一的西文報紙.

(VII) Tientsin（天津）

1. "The Peking and Tientsin Times" (1894 IV, 1—現存)
Fr.—週刊日刊（1902 X, 1.）
是中國北部英商機關報與香港的 "Hongkong Daily Press" 上海的 "North China Daily News" 漢口的 Central China Post 有同樣的魔力.

2. "The North China Star"（現存）

Fr.——日刊.

是美國人在我國北部的機關報與上海的 "China Press" "Millard Review" 同爲一種有魔力的報紙.

3. "Journal de Tientsien"（現存）——法國人的機關報.

Fr.——日刊

(VIII) Peking（北京）

北京的西文報紙完全是政治上的,無商業的性質.今就其現狀言之.

(A) British Papers:——

The Far Eastern Times (1922 III —（現存）

爲北京政府顧問 P. L. Simpson 所經營.後曾由黎元洪維持,與東方

第二章

時報（漢文）同為十八頁之大報與之有關係者,黎元洪奉張以及蘇俄,都與牠發生關係過民國十五年國民軍退出北京,奉軍入北京後始遷到天津去發行.

(B) French Papers:—

1. "La Politique de Peking"（政聞報）

   Fr.—週刊

2. "Journal de Peking"

   Fr.—日刊

(C) Japanese Papers:—

North China Standard（創刊於一九二〇年—現存）此為日本在中國的唯一英文報紙.因為在各地的日文報紙完全是地方的,而非對外的,雖在大連有西文報紙如 "Manchurian Daily News"（日刊）在青島有"The Tsingtao Leader"（日刊）在天津有"China Advertizer"（新近停刊）等，但都只有地方上的意義。其他除上海的英文報紙"Shanghai Mercury"及"Shanghai Times"內附有日本資本外，以英文報紙而知名者唯此報而已。

其外雖有若干英文報紙但除北京的順天時報，奉天的盛京時報，漢口的湖廣新聞外幾不知其名。前二者的發行份數均達萬數以上，在中國爲有數的報紙。

(D.) Chinese Owned papers:—

1. "Peking Daily News."
   前曾爲直隸的機關報，近則系統不明。

2. "The Peking Leader" 主筆——G. Clark 美國人）
   爲外交部的機關報。

其他我國所經營的西文報，在上海有"Shanghai Gazette"及謝福生為主任的公論報。在廣東有"Canton Times"後者改為"Canton Gazette"為國民政府的機關報。

要之在中國的外國文報紙雖有英，法，俄，德，日等各國語的報紙，但英文報紙的勢力為最大．因數十年來英國與我國的關係較深因之英文在我國亦較其他各國語言占優勢且英國商業上的利益也遠勝他國；所以英商的機關報的勢力亦最為著顯．其次雖為日文報紙，但因日本語非國際式的，所以其結果只不過是該國人居留地方上的報紙．

英國的報紙從香港的諸報為始以在上海的"North China Daily News"(North China Herald)天津的"Peking and Teintsien Times"漢口的"Hankow Daily Post"為最有魔力，而我國與論上常受其打擊的．

其次外國報紙的魔力，就要算美國在天津的 North China Star 上海的

— 42 —

日本的英文報紙中除北京（一九一七）的"North China Standard" China Press 及北京的 Peking Leader 等報了.

之外凡為日本人所經營者，是沒有的如上海的"Shanghai Mercury"及"Shanghai Times"．日人雖曾投資而係英國人所經營的（由在上海的日本資本家投資）即北京的"Peking Leader"（美國人主筆）亦不過投了些資本罷了．"Manchurian Daily News"雖在大連發行，但其中文報有地方上的意義故日人的英文報紙是沒有多大魔力的．但其中文報紙卻又非他國人所能及，如北京的順天時報（發行份數一萬五千）奉天的盛京時報（發行份數三萬）其在中國宣傳帝國主義的效力，確是很大．

法國在京津地方，無報紙可言．俄國在北滿洲方面卻有一些力量，至於德國的言論機關，要回復到戰前的地位恐怕一時還不能辦到呢！

就上面各種報紙看來，英美是商業方面的，日俄則外交方面的，德國從前雖曾帶幾分國家色彩但今日卻向商業方面活動，德國報紙恐怕將來難有囘復的希望，再也沒有外交式的報紙發現了．

第三章 中文報紙的發達

第一節 概說

中國報紙發達的階段可分作四個時代：（一）官報時代（二）西人編報時代（三）中國報開創時代（四）中國報紙勃興時代．

第一期 （官報時代）……（——1860）

第二期 （西人編報時代）……嘉慶道光以前

第三期 （中國報開創時代）……中日戰前（1851-1894）

第四期 （中國報勃興時代）……革命以前（1895-1911）

第五期……民國以後（1912-1924）

第一期姑置弗論，至第二期，可說是報紙啟蒙時代．其內容多為雜誌式的組織極為簡陋消息亦不確實，直到第三期後雖勉強已能確實但亦只止於確實，而還不能為輿論的代表機關及入第四期方才發生代表輿論的報紙但中國的報紙缺於報紙的資格的地方甚多所以有許多地方是不能和列國的報紙相提並論今將第三期以後的情形，說個大概在中日戰時國人已經了解利用西洋文明的必要覺對於報紙頗有自行經營的需要，於是便漸漸發起組織而脫離外人之手但經「戊戌之變」又閉息於極端的專制之下，受了一大挫折到了北清之亂又改從前態度而重來讀美西洋文明，中經一九〇四年的日俄戰爭，益知歐化之必要此時的報紙遂漸入進化之途從前的小報，也就多數都改為二三張的大報了．宣統以後漸次入近代報紙之域．民國革命後是其極盛時期而真的民報，可以說是那時漸漸出現了．那時如能趁此潮流一直發達到現在，也庶乎可達完美之途了。但不幸袁世凱窺竊帝位，用武力專治一切，遂使報紙人格隨落接着又是安福時代奉天舊交通系時代直系專政時代一直至今日沒有一個政府，不是妨礙着報紙正當的發達的，說來也就儘痛心了。

第二節　中文報紙的創刊

前面已將中國報紙的先驅，約略敍述過了。教會報紙，在完成此種責任後便又回復到牠自己的本分專事宣傳教義，與現在的文化是沒有什麼關係了。然事迄今日外商的報紙卻仍占先前的地位因今日中國報紙雖已有相當的發達但到底不能和鄰國的大報紙分庭抗禮所以外國文的報紙的生命在短期間內恐仍不能消聲匿跡罷！

一、中文報紙要算是傳教師所經營的爲最早在前面已經說過了。摩立孫辦的東西洋每月統計表（一八二〇年嘉慶二十五年）墨特赫斯脫(Rev. W. H. Medhurst)辦的遐邇貫珍發行．咸豐三年，香港發行的遐邇貫珍是墨氏、來格(Dr. Leg.)及香港政府官吏希劉(Hiller)等三人所合辦．日本在文久年間，曾一度翻繹過香港英書院在咸豐四年(一八五四)曾發行中外新報循環日報．咸豐七年(一八五七)曾在上海發行六合叢談(自七年一月至八年五月止十六卷)等報，編者為英國聖書出版所，墨海書局局長惠爾氏(Alexander Wyle),他對於自然科學貿易人物月旦等都有很多的文字．那時投稿者有慕爾海(W. Muirhead)及艾迪金(J. Edkins)等．日本安正年間曾譯為官板六合叢談．咸豐八年十一月(一八五八年)在寧波發起中外新報計有四年的歷史係美國教師茵斯利所主編．日本於安政年間，曾把他翻譯一過．同治十三年(一八七四年)在北京有中西見聞錄發行，可算是北京中文民報的鼻祖．一八六一年香港的英文報紙"Hongkong Daily

Press"有了漢譯版.

以上所述,大抵是由外國人經營的中國報紙.因我國那時還沒有辦報的人,而民衆又無報紙的需要所以只有外國人在那兒辦報了.

二、申報

一八七二年上海申報開始發刊.主筆爲蔣芷湘.於發刊四個月後,始出日刊每日一張.翌年日本因台灣土匪殺了日本人而出兵麥攸(Mr. Major)探訪此事情最詳,於此國人始悟報紙之可貴.後法國人侵入河內,申報乃使一俄人,從軍法軍中專事刺探消息,並以電轉載京報的記事,而使知朝廷之事情,於是消路大增.到一八八二年遂有滬報起而與之競爭.一八七九年法國及秀脫教士又在徐家匯發起益聞錄.其後新聞報亦繼之而起.當時還有什麼匯報、蘇報、彙報、益報、中外日報、畫報指南車等報,不久即漸漸消滅了,我們現在幾乎尋不出牠們的遺跡了.

香港自遜週貫珍以後,有循環日報等政治評論的報紙.其中有"Daily Press"及"China Mail"二種是漢文版.現在廣州還有一種粵報.

三、中國北部的報紙

我國北部,受歐美文化的刺激較少,加以專制政府的勢力尚強,因之民間報紙的發達比南方遲得多.

北京除京報之外出現民報的機會絕少.前清的京報,有「黃皮報」的渾名,因其在黃色絣襽之下也.其內容較現時之政府公報差得很遠,因為牠只不過載些「宮門抄」「上諭」「引見」「陛見」「上奏」等等瑣事罷了.

北京最初的民報,是中西見聞錄(一八七四年)到一九〇一年有白話愛國報,其面積不過兩頁一尺見方的東西.到一九〇四年有京話日報產生.到一九〇七年朱琪辦北京日報,日人辦順天時報,這都是屬

第三章

於民報方面的.

天津最初的中國報紙,要算是一八八七年的時報.其後改為直報,老直報略載一些社會紀事及上諭官場文件等,遇無新聞時輒以空白發行後因庚子之亂而停刊庚子亂後發起者有大公報醒獅報老北洋報等.大公報因觸官廳之忌而停歇,醒獅報因主筆得失無定而不振,北洋報後改為時聞報對於社會紀事雖較可人但終不能佔勝越之勢力.又有德人出資所創辦之中外實報,雖從事於鼓吹中德間貿易,及至民國四年歐戰突起,此報也就停閉了.一八九四年民興報成立其言論精彩,大有可觀不料主筆他去又宣告停刊了.其後有民新報之創刊但不久亦停刊.一八九五年經緯報出版,但因官廳壓迫,不能發展至辛亥革命軍起,他就停閉了.又有與民興報同時發刊的北方報,亦因其議論正大,受當地警界之壓迫不得已而過渡於人,未久也沒有牠的形跡了.

— 50 —

第三節 「戊戌政變」與報紙

一、清朝的政變

Journalism 的發達是和 Democracy 相並行的．當中國報紙開始萌芽的時候民氣還未大開所以其勢是極小．北京在西太后（一八九六年至一九○九年）的專制時代，報紙對於內政的批評權，一些也沒有因之報紙也完全不能認其為有啓發民衆之力．但因一八九五年中日戰爭的結果，卻與中國內政上以極大之打擊．清朝的敗北，願足以剌激國人的愛國心；於是有識者的頭腦中，覺非急起改革則我國的國家必至滅亡．所以康有為梁啓超不通外國語，但因受英國教會的影響讀政治、經濟等譯本遂對於西洋文明，也有相當的理解．梁啓超在當時的報紙裏，曾發表了許多的救國箴言，我們在他的新民叢報及飲冰室文集中是可以看得到的．

— 51 —

二、政變與報紙

像梁啟超的那些文章，在中國的報紙上，是從來未曾見過的。保守派的讀書人階級見了這種新的提示，卻是一面驚異一面駭怕。醉心西洋文明的新中國階級大為稱快；而另一方面如孫中山先生等又在日本急進的運動革命以謀推翻滿清了。未幾德宗（光緒）聽了康梁的勸告就預備改革政治誕生未久的報紙在此時也就行其代表與論的職務，每每攻擊政府的保守分子及議論國政，這可說是報紙的一線曙光。但一般人對於帝王的傳統觀念太深；因之西太后大加反對將德宗幽閉並對報紙也加以非常的壓迫命其停刊同時并捕逮新聞記者處以刑罰。然此僅指北京附近而言；至上海方面則有租界為之保護所以依舊的繼續評論政府。

日俄之戰，日本勝利後，與中國智識階級，以更大之刺激。一般教會學校，内外高等學校的卒業生及外國留學生受着西洋文明的薰染，都起來參加革新運動．至一九一一年，畢竟是清廷滅亡共和成立了．其所以致此無論怎樣說報紙的鼓吹力量卻要居首功呢．

第四節 共和以後的中國報紙

中國報紙，在一九一一年的改造期中有更進一步的進化．在前清末，中央政府及各省長官均有其機關報．地方紳士亦以地方上報紙為其機關報．大抵是反評政府籍外國權力下的租界以為保護．(一九〇八年一九〇一年清廷曾公佈一報律以取締報紙．)

一、國會時代的言論

一九一二年國會初開，政黨羣起，而各機關報於焉產生．當時經營報紙極為容易，自己無印刷機又無探訪記者，只須陋居於一室中的社長象主筆編輯長做幾篇宣傳自派攻擊反對派的論說並僱了幾個傭人

— 53 —

第三章

奔走於印刷所與編輯室之間,則機關報即可造就.其經費如一個月有二百元則每日可出一千份的報紙.所以共和政府肇建未久,只就北京言即有三四十種的報紙.于剎那間發生其中最有報紙資格者只有一「國民黨」的機關報.但國民黨雖為革命新中國的團體,但袁世凱無微不至用盡懷柔收買之策,竟暗殺了宋教仁,打敗了二次革命軍解散「國民黨」并且國民黨報館被封記者被捕,民黨要人亡命海外及租界者不一而足這真是所謂民黨的恐怖時代.

二、袁世凱的抴制言論

袁世凱因為要防止左傾的報紙得勢乃做傚日本的報紙法頒布報紙條例(三十五條)及出版法(一九一四年四月二日).茲摘錄其取締報紙的重要條項如下:

一、出版者主筆印刷者須年在三十歲以上.

二、須有確實的住所.

三、不能缺乏公民資格.

四、須為有選舉權者.

五、凡在軍籍及現職官吏、學生不得從事筆墨生涯.

六、報紙發行時須納一百至三百五十元之保證金,在北京及其他都市者倍之.

七、對於淆亂政體,防害治安,敗壞風俗,洩漏政務,外交、軍事的秘密,以及預審傍聽、會議傍聽等等記載,均嚴禁發表.餘如煽動或贊許奸犯以及庇護或陷害刑事被告人,或攻訐個人陰私損害他人名譽等均在禁止之列。

袁氏所發表的這種條例無非是欲卽帝位,而為此鉗制言論的準備罷了.其時純民黨的報紙雖已失其能力,但反對袁氏帝制的報紙亦復

第三章

不少于是袁氏實行收買,並逮捕發封,以墮落了中國報紙的人格.

二、「安福派」的箝制言論

討袁第二次革命軍初起,而袁忽暴亡,再造共和,以黎元洪為大總統,段祺瑞為內閣總理,恢復國會憲法;廢止報紙條例,似可再予報紙一活動機會了.但督軍獨立,張勳復辟,段祺瑞再造共和,「安福系」專政,名報紙大部分皆為「安福系」所收買,而又使報紙的人格墮落.民國八年晨鐘報國民公報京報等十一個報館均因議論安福,而被勒令停刊,是可謂共和後報紙第二次大災厄.晨鐘報後改晨報發行,京報亦得復活,但孫幾伊的國民公報是終於不能和國人見面了.

其後奉直軍入京,其箝制言論的手段頗不亞於安福.及奉系敗北後,直隸派運動大選,社會日報晚報等無故被封其餘則多數為其收買.

四、天津報界

天津方面的報紙；如黃興的民意報,「國民黨」直隸支部的國風報,均被袁世凱發封.民國四年「國民黨」所經營的新春秋報亦被封閉.那時雖有國民黨的新天津報創立但終亦因諷罵警廳而被封前經緯報主筆李慎桐所辦的赤縣新聞亦因反對袁世凱而被封.天津商報雖會一度出世,但命脈不久.民國四年美國「天主教」的教師雷衣朗創益世報以彩票方法鉤引讀者,在安福時極力主張排日漢文京津泰晤士,於民國六年創立,在天津攻擊嗎啡的流毒會刊鴉片嗎啡的癮者表,一放異彩.「五四運動時與益世報共同同情於學生運動而攻擊楊以德（天津警察廳長）楊對此雖甚憤慨,但因前報在美國領事後報在英國領事館註冊無法干涉.

五、上海報紙

上海的報紙,不但不受着北京政變的影響,而有租界為之屏障,故其

— 57 —

基礎較為堅固，而發行的份數，亦較他處為多。申報為我國最古的報紙，其發行份數，約二萬左右，可稱為中國第一。凡社會各方面均歡迎閱讀。新聞報亦有悠久的歷史，可認為商業團體的機關。時事新報為舊進步黨的報紙，此外還有時報神州日報中華新報（進步黨）等。至新申報則為一九一七年英人與申報競爭而設立的，民國日報則為「國民黨」之機關報。

廣東的報紙則以七十二行的商報（總商會的機關報）「國民新聞」廣東民國日報等為最著名。

現在中國的定期刊物總數雖約有二千種，其中可視為相當輿論的代表機關者僅四百種；而其間可稱為報紙者亦不過數十種耳今試就郵政局報紙雜誌統計（一九二一年包含中西文）錄舉如下：

京兆　一七〇　　山東　二七　　直隸　四一

河南　一五　陝西　八　四川　四一

湖北　三九　湖南　三八　江西　二一

江蘇　一一六　浙江　八二　福建　四七

上海　一二四(四文二四)　廣西　二七　雲南　二〇

廣東　一三〇　東三省　五九　安徽　一八

甘肅　三　山西　三三

共計　一〇五九（註一）

（註一）此表見 "China Year Book PP. 1514-99"

第四章　論中國報紙的諸特徵

第一節　發行份數

中國大部分民衆，尚未受有普通教育，只有全人口百分之五是識字者，而百分之九十五為目不識丁者，所以報紙的讀者極少．照上說的統計看來，則全國已註册的報紙雜誌為一〇五九種，而中國人口為四三〇，一九八七（根據一九一九年郵務管理局的調查）以此比例，則每四十萬人不過一種報紙，以此與日本統計相比較他們在大正十一年末（一九二二年）報紙雜誌的註册數有四五六二種而大正九年的人口為五、九六一、一四〇．其比例平均一萬二千人有一種報紙．

各報紙的賣出為數亦極少，即以讀者最多的上海而論，申報新聞一發行八萬份左右，已可算為非常大的報紙了．如北京的大張報紙益世報，晨報順天時報奉天的盛京時報上海的新聞報時事新報等只能發行數千至一二萬份而其他大部分的報紙總是發行一千份左右的．即有十年以上的歷史的亦不過民國日報、申報、新聞報、商報、順天時報、盛京時報、時事新報、時報等數種而已．

至於我國報紙不能充分發達的原因,則因現在的報紙,尚未成營業化.加之機關報的色彩太濃厚又因有時是個人所創辦資本有限營業不能發達.

還有發行五六百份的小報以一個編輯一個僕役便成了個報館.對外則揭揚「某某報社」的大招牌做隨口胡說的走狗.只要每月化了數百金即成發行五六百份的小報,因之政客在職時代每每來收買他們.如北京一地日報就有八十多種所以在前述的中國註冊刊物一〇五九種之中,只發行一千份以下的很多而且學校的刊物等也包括在內,這就可以想像報紙銷行能力的薄弱了.

此外還有一種可以注意的事情就是早晨以五分錢買入之報紙午後還可以二分錢賣出翌日仍可以賣得一分錢.一份報紙可以輾轉經過幾個讀者,報館對於此事倒是無可奈何呢.

第二節 代表輿論的報紙

中國報紙發行的情形，既如上述，因之欲知其個人或黨派的意見，是極便利.不過在未明瞭各報紙的性質系統以前去讀這些報紙每易誤會，卽每易以一陋室中的書生所做的文章，去代表世界的輿論.

發行份數和讀者太少，在形成輿論上是極為不利.在北京、上海比較大些的報紙，雖正在漸次改良.但欲我國報紙得着國際上的價值，和代表中國輿論日子，前途尚是遼遠.現在的報紙，不過在國內爭時當作角逐的武器罷了.因為大部分報紙的規模不大所以在某一勢力新產生時候，卽被收買或封閉，這是一定的道理.在這種情形之下一時還想不出積極對抗方法.再現在旣未脫專制的氣味民衆對於報紙的信念，又甚薄弱.因之從來做新聞記者的，也很少優越的人.世界的情勢固然不懂，而國內的實情，亦不能明瞭；只知一些目前的黨爭和懂些中世紀的文墨,也就居然稱爲名記者了.所以像這種情形,可以說是中國報紙,還沒有到眞正代表輿論時代也未爲不可.

在中國北部稱爲報界元老中國三個名記者之一的熊少豪氏(京津泰晤士報社長)在申報五十週年特刊中作有一文,述中國報紙及新聞記者之缺陷,略有數點:一、不以報紙爲天下之公器,而甘心爲一黨一人的私利機關.二、不辨事實之可貴,頗倒是非善惡,致失其信用.三、不知經營報紙的方法.四、記者的專門知識固然沒有,即普通常識亦無心得.五、因記者常識的缺乏,不能明白社會羣衆的要求.六、從事編述的大都爲幾個落伍文人,無聊政客藉以餬口.此外中國報紙關於外來的障礙也有幾點:一、政府及軍閥的專制箝制言論.二、國民教育不普及因之一般國民對於報紙無理解和批評政府及社會事業,不肯公開而不供給新聞記事.四、交通不便以及資本的缺乏,以致消息阻滯.

總之，因為不能通曉世界大勢及高深學識，對於輿論不能與以決定的指導，加之政府及國民又都不知尊敬報紙，結果弄得毫無報紙的價值，一切評論都是近視的灰色的格言派的模稜兩可的臭文章，就算盡了記者的責任．至於能使中國問題介紹到外國的，除在中國經營的西文報及外國通信員之外可說是一種也沒有。

中國報紙和一般國民漠不相關的原因，據塞克耳（Fritz Secker）說是中國文字之罪因為文字艱深教育又不普及，以致多數人不能閱讀報紙，這却是一個重大原因．「文學革命」後白話文風靡一時使中國報紙起一種非常的變化但一方新造語增加甚多．例如一字譯作「治外法權」有些人雖能懂得牠的字面上的意思但究竟什麼叫「治外法權」依舊是不明白的．所以類如這些事是非教育普及，沒有別的方法的．五四運動後文學革命的能力極其偉大近來國內的報紙雜誌，多數有傾向白話文的現象，在各都市用白話文寫的小報，也漸漸增多，許多大報紙，仍是文言，或文白並用．最近數年間能否把全部的報紙改用白話，這卻是個疑問．教育方針雖以言文一致爲其標的，但欲使報紙能和民衆接近，其實現的時代，還不知在什麼時候呢？

第三節 中國報紙與外國報紙及通信社

在我國內的外國報紙，倒做了我國的政治及文化的宣傳機關，並且常有反宣傳的文字．我國普通的報紙大抵都有英文及日文的翻譯員，他們把外國報紙的記事譯出可拿來當作自己的東西而發表．而將世界大事及列國關於我國討論的問題，事無大小均無遺漏的轉達給我國讀者．我國新聞記者，每視打探消息爲冒險之事，遇到戰爭時卻靠着外國人的通信社，把消息報告給中國報紙．但到了一九一七年路透社壟斷了全外國的通信之後，故意用挑撥或不利的消息，使中國報紙的言論，受其愚弄與利用．有時外國通信員，還作中國記者事實未明白或主見未定時便先在中國輿論中故意擾擾及種種離間的宣傳例如日美兩國形勢緊張的時候，日美兩國通信員各為自己的國家起見而來離間中美或中日邦交並亂傳其消息．

外國在中國宣傳不獨由其自國報紙（外國文報紙）即在中國報紙亦可宣傳．德國的中外實報（天津）得有極大的效果．而其最大的成功者，要算是日本在北京的順天時報他能猜出中國人的心理．所以就是中國人自己容形式處處都迎合着中國人的心理而編輯，往往不知讀的是外國報．（美國的益世報、英國的漢文京津泰晤士報，他有相當的成績．）

第四節 中國報紙與廣告

廣告在報紙上的價值，中國人從前是不知道的。熊少豪氏的論文之中，也說中國人不知用報紙廣告法．即在現在，多數人對於報紙上的廣告，亦不大注意．中國商業的廣告費，大部是用於店面的招牌和招貼上，藉以提醒路人耳目．因此若投數千元的廣告費和外國人利用報紙廣告的，那真是少得很呢．據塞克耳說，中國主要的報紙，一入手中使人最注目者大都是外國人企業的廣告；英美大公司，在中國的香烟廣告費，年約數百萬有許多報紙就靠此廣告費的收入以爲其經常費用．又像英國的某藥品廣告，美國的牛乳的廣告，日本的仁丹廣告，都是如此．現在吾國商人對於利用廣告，亦漸次注目，如賣藥廣告也漸漸的不亞於外國人．其他香烟眼鏡鐘表書籍等廣告，亦頗有利用報紙者．新近最顯明的傾向，是在本國商品的廣告上面，特標明「國貨」二字．這可表明國內工業發達的證據並且也可看出這是國人對於挽囘利權及力求富强的一種覺悟．

據塞克耳說："如果要支配中國商塲，僅靠着中國報紙的廣告，是尚不足；因為大部分的民眾對於報紙無甚關係的原因而必須在街道上，火車上輪船上貼以光彩奪目的廣告"關於這一點的成功者是美國人，而美孚火油公司的火油和英美烟公司的紙烟到一九〇五止，所以能完全獨占中國市場者，亦端賴於此．在中國的無論什麼名勝的山坡上都能見有此種觸目的廣告板．日本的「仁丹」和「味之素」也仿造此法，而能得到很大的効力；排日運動時曾以這種廣告板而列起幾多的糾紛為政治原因而排日的時期已經過去了，以後的競爭要全在製造品上考究了．

第五節 中國報紙與租界

中國報紙的發達，像其沿革一樣是從商埠發達起來．（北京是例外）中國的政治雖名為共和其實政府仍不能脫專制的觀念而統一上的有力者，必取壓迫輿論的手段；其最先的犧牲者以報紙，中國及外國均相同．

中國商埠地，必有中國主權所不能及的，所謂租界，在中國統治之外，國內政變起時反對方面的政治家和像外國亡命一樣，預先把反對言論的機關遷移到租界向外國領事署註册這是清末以來攻擊專制武斷政府而避免其壓迫的長套手段．

上海的大報紙從前都會向外國註册，如申報為日本，時事新報、時報、中華新報為法國，新聞報、新申報、新中外報、商報為美國，神州日報為日本是．

北京的中國報紙，因為沒有這種便宜，所以常因政變為袁世凱或安福派或直派或奉派所收買，如有不肯時即發封報館，或逮捕記者，因之，使中國報紙不但不能使新聞記者向上，而且使之墮落．不能像上海天

第四章

津，依靠租界的中國報紙，可以避去專制政治的惡毒，而鞏固其基礎真是可憐！

有人說：「中國政治家之所以失節操，「朝秦暮楚」也就因為中國內地有中國主權不能達到租界這並非虛說．因為有許多政治家平時不知好好努力其失敗的危險，在他們心上並不怎樣畏懼．因為租界是他們最好的避身所．此種實例，舉不勝舉總之租界若不完全收回則可以增惡者膽量和減少革命者的鬥力，那是無可諱言的．至言論機關的在外國領事館註冊至少也可代表奮鬥的一部份心理．我說這些話，並不是看輕了報紙的奮鬥精神，而在證明租界的惡劣影響．不過我要進一步說為迴避政府的壓迫，有租界可以為安身之窟．但你要對外評論却又要受租界的干涉了這例子也很多，我們的言論界及其他的人，想都感着到了．喂！同志們努力呀！努力收回居留地！

諸位請看在排日時候，因為要反對日本外交，上海有幾家報紙，在日本領事館註冊的都移到法國領事館去註冊，這是大家知道的，所以要對於外國反抗其侵略主義的時候這托外力保護政策就完全失其立足之地了.

第五章 現在中國的各種報紙概況

凡報紙如仍為政治上的機關報，而少營業上的傾向，則其報紙仍必在幼稚時代據此以觀，則中國報紙發達的程度已經到了什麼時代可以自己下一個判斷了．

中國報紙最發達的只有上海的申報、新聞報是已入營業報紙的地步了．申報（在一八七二年刊行）已有五十餘年的歷史，新聞報已有三十餘年的歷史其發行份數約八萬餘，在上海可算為第一流報紙我

第五章

們拿這所謂第一流的報紙來看一看,就可知中國新聞事業的概況了.在北京雖以益世報順天時報晨報京報等著名,但其發行份數均在一萬五六千至一萬六七千之間,前二者為外國籍尤其是順天時報被目為日政府的機關報在政爭時因其消息正確(除安福時代)故讀者大增至排日運動起而大減.晨報京報均為關於新思想新運動的刊物.但京報至一九二六年死於非命因那年國奉交戰國民軍退出北京後,以其於國民軍有關,加以宣傳赤化的罪名,就把社長邵振青慘殺,此種野蠻行為實可驚駭壓迫言論雖為袁世凱等的慣技,然對新聞業者,猶不敢公然殺害而這一班武人則概置弗顧,騰笑萬邦,真教人不能生食其肉也.京報在中國報紙中其編輯法比較可稱,他注意於中國所未有的經濟記事,鼓吹新運動尤其是對於鼓吹「反帝國主義」非常有功績.因之而有教育界及外交界方面的讀者.那裏知道竟一旦斷送於惨無人道的軍閥之手了！乃未久又惨殺社會日報的主筆林白水氏（六十餘歲的學者）林氏致死的原因，不過為其某日在報上對於奉派某政客，略微帶了一點諷刺，此外別無理由可以發現。咳，照這樣看來，凡是在北京操筆墨生涯的，如果不置生命於度外那就不必發表議論了。咳言論機關的集中於租界，託外力的保障豈是心之所欲嗎？不得已耳！

中國報界新近注意的事項，是以廣東國民黨的宣傳機關報為中心．

國民黨去年的宣傳定期刊物計有八十三種．如廣東的廣州民國日報，廣州國民新聞，Canton Gazette（前二者現各發行數萬份）上海的民國日報，北京國民新聞，但後者因奉軍佔領北京已不能發行．今北伐軍克復長江一帶各地國民黨系報紙之追蹤而起也是意中事啊．

北京通信社的數目雖年有增減，但依一九二四年的調查計有五十四，規模極小．京報社長邵氏所經營的新聞編輯社（係翻譯外國報紙

第五章

為主，創於一九一六年，）國聞通信社（總社在上海）（以國內新聞為主，一九二二年創辦的）外國通信方面日本有東方（日政府關於中國的通信）日本聯合通信（國際通信社與舊東方社相合而成）英日本電報通信社等．美國有合同通信中美通信（中美人合辦的）、國有路透中俄通信等．活動極烈．專事造謠言之可痛也．

图书在版编目（CIP）数据

中国新闻发达史 / 蒋国珍著. —北京：中国传媒大学出版社，2018.3
（中国近代新闻学名著系列丛书 / 芮必峰主编）
ISBN 978-7-5657-2290-5

Ⅰ.①中⋯ Ⅱ.①蒋⋯ Ⅲ.①新闻事业史—中国 Ⅳ.① G219.29

中国版本图书馆 CIP 数据核字（2018）第 053536 号

中国近代新闻学名著系列丛书
芮必峰　主编

中国新闻发达史
ZHONGGUO XINWEN FADASHI

著　　者	蒋国珍
策划编辑	司马兰　姜颖昳
责任编辑	姜颖昳
封面设计	拓美设计
责任印制	阳金洲
出版发行	中国传媒大学出版社
社　　址	北京市朝阳区定福庄东街 1 号　邮编：100024
电　　话	86-10-65450532 或 65450528　传真：010-65779405
网　　址	http://www.cucp.com.cn
经　　销	全国新华书店
印　　刷	北京华联印刷有限公司
开　　本	787mm×1092mm　1/16
印　　张	6.25
字　　数	60 千字
版　　次	2018 年 6 月第 1 版　2018 年 6 月第 1 次印刷
书　　号	ISBN 978-7-5657-2290-5/G·2290　　定　价　35.00 元

版权所有　　翻印必究　　印装错误　　负责调换